DreamWorks

Gang de Requins

L'histoire du film

Le Ballon

Au plus profond de la mer, les marées remuaient le Récif…

« Je prends ma retraite. Je lègue toutes mes affaires à mes fils, » dit Lino.

Sykes regarda les deux jeunes requins entrer dans l'épave du paquebot qui servait de quartier général à Lino. Il ricana. « Pour Frankie, je peux comprendre. Mais *Lenny ?* Tu n'es pas sérieux ? »

« Je suis très sérieux. Il faut bien plus que des muscles pour gérer les affaires. Lenny est le cerveau, et ça, c'est très important. »

Sykes grogna.

Lino répondit sèchement : « Et que veux-tu dire par là ? »

Les épines de Sykes se mirent à trembler. « Rien, rien. C'est juste que… ben, je veux dire que le gamin n'est pas un tueur. »

« Mes fils vont prendre la relève, et personne ne les en empêchera ! Tu es renvoyé, Sykes. RENVOYÉ ! »

Un petit poisson du nom d'Oscar était en train de regarder un panneau annonçant des duplex à louer au sommet du Récif. « Ma place est ici », soupira-t-il.

« Hé, Oscar ! » appela un petit poisson, « n'oublie pas ta lampe à lave géante ! »

Trois petits poissons s'approchèrent de lui et nagèrent à ses côtés.

« Hé ! » cria Oscar. « Allez les petits, ne vous moquez pas de mes rêves. D'ailleurs, vous devriez être à l'école ! »

« Et toi, ne devrais-tu pas être au travail ? » lui répondit un des petits.

« OK, touché ! J'y vais. Ne faites pas de bêtises, d'accord ? »

D'un coup de queue, Oscar partit à la nage.

e Propertie

En arrivant au Lav'o'baleines, Oscar se dirigea tout de suite vers la cabine d'Angie. Il la fit tournoyer et danser.

Angie rit de ces mouvements de hip-hop. « Tu es en retard… une fois de plus. »

« Allez, Ange. » Oscar sourit en lui donnant des brioches. « Un jour, je serai riche, et je n'aurai plus besoin de ce travail ! »

Angie se couvrit les oreilles avec les nageoires. « Je ne veux pas t'écouter ! »

Oscar sortit de la cabine et traversa le Lav'o'baleines en riant et en dansant. À chaque étage, il montrait un nouveau mouvement aux travailleurs. Le temps d'arriver au bureau de son patron, le Lav'o'baleines était animé et dansait au rythme d'Oscar.

I.O.U.
I.O.U.
OSCAR

Oscar entra précipitamment dans le bureau de Sykes et lui serra la nageoire. « Sykes ! Mon frère ! Comment ça va ? »

Sykes commença à enfler. « Tu me dois beaucoup d'argent, Oscar. »

Les écailles d'Oscar se vidèrent de leur sang. « D'accord, d'accord. Donne-moi jusqu'à demain », supplia-t-il.

Sykes se dégonfla. Il n'y pouvait rien, mais il aimait bien le gamin. « D'accord, je te donne vingt-quatre heures. Retrouve-moi au champ de courses demain avec l'argent, ou Bernie et Ernie vont te montrer de quel bois ils se chauffent. »

Deux méduses aux couleurs chatoyantes flottèrent en direction d'Oscar, balançant leurs tentacules et arborant des sourires de psychopathes. Oscar détala : il avait déjà reçu trop de leçons « piquantes » de Bernie et Ernie.

Ce soir-là, Oscar flottait devant l'appartement d'Angie.

« Écoute », essaya-t-il, « je veux devenir *Quelqu'un.* »

« Tu es déjà Quelqu'un. Tu n'es pas obligé d'habiter au sommet du Récif pour que les autres t'admirent. »

« Admets-le, Angie, toi aussi tu as des rêves, non ? »

Angie rougit. Son rêve se trouvait devant elle. Mais elle ne pouvait pas avouer ses sentiments à Oscar.

« Attends-moi ici », dit-elle. Elle se précipita à l'intérieur et revint avec une petite boîte. Elle l'ouvrit.

« Oh ! » dit Oscar, le souffle coupé. « Une perle rose ! »

Angie déposa la perle dans la nageoire d'Oscar. « Prends-la. Tu pourras rembourser M. Sykes. »

Oscar était incapable de prononcer un mot.

Pendant ce temps, Lino dînait dans son paquebot en compagnie de ses fils. Il se pencha vers Lenny. « La rumeur court dans les vagues que tu ne manges pas de poissons. C'est un mensonge, non ? »

« Ben, Papa… » Lenny se tortilla.

Lino prit une crevette dans la sauce cocktail. Il la mit sous le nez de Lenny. « Mange-la. » Lenny se figea. C'est vrai qu'il n'était pas comme les autres requins, il était incapable de manger du poisson.

« Oh, Papa, c'est trop… *DÉPOSE LA CREVETTE !* » cria Lenny. Tous les requins se retournèrent pour les regarder. Lenny attrapa le plat de crevettes et le lança par le hublot.

Déçu, Lino se tourna vers Frankie. « Emmène Lenny et montre-lui toutes les ficelles. Apprends-lui à devenir un requin… qu'il le veuille ou non ! »

Le lendemain, Oscar vendit la perle d'Angie. Il avait l'intention de donner l'argent à M. Sykes. Mais lorsqu'il arriva au champ de courses, il surprit une conversation entre deux poissons. « Jour de Chance. C'est un coup monté ! C'est une certitude. »

« Cinq mille sur Jour de Chance », dit Oscar tout excité à la caissière en lui tendant l'argent. Je vais devenir Oscar le Millionnaire ! »

« Beau pari », dit une voix qui fit bondir le cœur d'Oscar.

« Je m'appelle Lola. Allons regarder les courses dans ta loge privée. » « *Sa* loge ? » interrompit Sykes. « Oscar ne peut même pas se payer le chewing-gum collé sous les sièges ! »

« Je me suis manifestement trompée », dit Lola, qui s'en alla fâchée. Sykes était furieux. « Tu es dans les ennuis jusqu'aux branchies. Et tu ferais bien de prier pour que ton hippocampe gagne la course. »

Oscar pria, mais Jour de Chance trébucha avant la ligne.

Sykes explosa. « Ernie et Bernie, emmenez ce petit truand et administrez-lui votre traitement spécial ! »

TRAC

Ernie et Bernie entraînèrent Oscar jusqu'au bord du Récif, l'attachèrent à un rocher, et le piquèrent avec leurs tentacules. Puis, brusquement, ils disparurent.

Oscar vit pourquoi : deux grands requins blancs passaient par là !

Les requins virent Oscar au même moment.

« Bingo ! » Frankie tapa sur l'épaule de son frère. « Voilà notre dîner ! » Lenny inspira profondément, il pouvait le faire !

Non, il en était incapable.

Alors, il *fit semblant* de manger Oscar. Cela fonctionna presque, jusqu'au moment où les bulles se dissipèrent et que Frankie vit le petit poisson surgir derrière son frère.

« Je vais te montrer comment faire », grommela-t-il. Il avança et plongea sur Oscar. Tout à coup, une ancre énorme descendit à toute allure dans l'eau et s'écrasa sur Frankie !

« NON ! » Lenny souleva l'ancre, mais c'était trop tard. Il partit en sanglotant.

Oscar était en état de choc : il était en vie ! Il ébaucha quelques pas de danse pour fêter l'événement. C'est à ce moment que Bernie et Ernie revinrent et ils ne purent en croire leurs yeux.

Le petit Oscar était devenu un Tueur de requins !

La rumeur se répandit comme un raz-de-marée. En quelques heures, Oscar était devenu le plus grand des héros… interviews télévisées, couvertures de magazines, fêtes en son honneur dans toute la ville. Tout le monde au Lav'o'baleines était fou de joie.

« Je serai ton *manager* », annonça Sykes. « Nous allons faire fortune ! »

Oscar se dirigea tout droit vers le sommet du Récif, là où est la vraie place d'un *Tueur de requins*. Sauf, qu'en réalité, il n'avait pas tué de requin. Mais personne ne le savait.

WHALE
WASH

Aux funérailles de Frankie, la rumeur parcourait l'assemblée. Les requins tigres murmuraient aux requins scies, et les requins taupes bleus marmonnaient aux requins marteaux : un Tueur de requins avait tué Frankie.

Alors que toute sa famille pleurait le mort, Lino jura de se venger.

« Je vais le retrouver », jura-t-il. « Et lorsque je l'aurai trouvé, je l'enverrai dormir avec les poissons, les poissons *morts*. »

Pourtant, pendant ce temps, Oscar s'amusait dans son nouveau logement au penthouse, rempli de tous les gadgets récents et des poissons les plus populaires. La vie était belle au sommet du Récif et il avait tout ce dont il rêvait.

Oscar fut très heureux de voir Angie arriver à la fête.

« Je suis si fière de toi », dit-elle pendant qu'Oscar lui faisait fièrement visiter son penthouse.

« Je n'aurais jamais pu le faire sans toi, ma chère », lui dit Oscar. Il lui tendit une petite boîte. Dedans il y avait la perle rose d'Angie, enfilée en collier avec des douzaines d'autres perles !

Mais avant qu'Angie ne puisse le remercier, Lola s'avançait vers lui en dansant.

« Il faut croire que tu es *Quelqu'un* maintenant ! » Elle passa sa nageoire sous celle d'Oscar et l'entraîna loin d'Angie.

C'est à ce moment qu'un poisson affolé entra dans la pièce. *« Des requins !!! Au bord du Récif ! »*

Tout le monde se tourna vers Oscar. Il se figea.

Il n'avait pas le choix… il devait se comporter en Tueur de requins.

Oscar nagea vers le bord du Récif et se cacha dans un champ d'algues. Il savait qu'il était supposé chercher des requins.

Deux requins passèrent au-dessus de lui.

« Passez votre route, s'il vous plaît, petits requins », murmura Oscar.

« C'est ça, passez votre chemin », répéta une voix derrière lui.

Oscar se retourna. *« Chuuuut ! »,* murmura Lenny en mettant un aileron sur la bouche d'Oscar. Lenny avait l'air aussi effrayé qu'Oscar.

« Je ne peux pas rentrer chez moi et affronter ma famille », dit-il. « Mais je ne peux pas rester ici avec le Tueur de requins ! »

Oscar roula des yeux. « Il n'y a *pas* de Tueur de requins, fais-moi confiance. »

« Mais si, il y en a un. Emmène-moi chez toi », supplia Lenny.

Il fallait qu'Oscar lui explique qu'il avait menti au sujet de la mort de Frankie. « Bon, d'accord, je te cacherai de ta famille. Mais on ne doit pas être vus ensemble, tu as compris ? »

Le seul endroit où Oscar pouvait cacher un énorme requin était dans l'entrepôt du Lav'o'baleines.

« Il nous faut établir quelques règles », annonça-t-il à Lenny. « Au cas où tu aurais, tu sais… faim. »

« Ne t'inquiète pas », interrompit Lenny. « Je ne mangerai personne. Je suis différent. Je suis… oh, tu vas rire si je te le dis. »

Oscar promit qu'il ne rirait pas.

Lenny inspira profondément. « Je suis… végétarien ! Mais mon papa ne m'acceptera jamais tel que je suis. Et s'il savait que je suis ici avec toi, il nous refroidirait tous les deux. »

« Refroidirait ? » Oscar se mit à rire. « Il est le Parrain peut-être ? »

« Ben, heu… en fait… oui », dit Lenny. Oscar cessa de rire.

Oscar se précipita vers son penthouse. « Sykes, mon gars, nous avons de gros ennuis ! Ce requin que j'ai tué était le fils de Lino ! Que va-t-il se passer si celui-ci découvre la vérité ? »

« Il le sait déjà, et tu aurais dû voir comme il était furieux ! » Sykes se mit à enfler d'excitation. « Il envoie sa bande de sbires pour t'attraper dès demain matin. Tu vas tous les tuer !

Oscar essaya de ne pas paniquer, mais il fallait qu'il trouve une combine, et vite.

Angie était à l'entrepôt lorsque Oscar arriva. Lenny lui avait tout raconté.

« Tu m'as menti, Oscar », dit-elle. « Comment as-tu pu faire une chose pareille ? »

« J'ai menti à tout le monde, Angie. Je suis vraiment désolé. Mais maintenant, j'ai un petit problème… DES REQUINS SONT À MA POURSUITE ! » Il se tourna vers Lenny. « Ils te cherchent aussi. Il faut que nous trouvions un plan. »

Angie tenta de les convaincre de simplement raconter la vérité, mais Oscar et Lenny ne voulaient rien entendre.

« D'accord. Il faut que tu tues un requin… » dit Lenny à Oscar. « Et moi, il faut que je disparaisse. *Et si nous faisions semblant… ?* »

Le lendemain matin, Oscar attendait, perché sur le plus haut immeuble du centre du Square aux Thons. Lorsque Lenny arriva, claquant ses dents aiguisées et terrifiant les poissons dans les rues, Oscar plongea dans sa direction afin de l'attaquer.

Oscar semblait réduire un autre requin en chair de palourde, et cette fois, tout le Récif assistait à la scène en direct. La seule à ne pas être impressionnée était Angie, qui regardait la scène dans sa cabine au Lav'o'baleines.

Le petit poisson balança le puissant requin violemment par la queue et l'envoya s'écraser contre un énorme panneau d'affichage. Le grand requin blanc disparut, tombant dans l'abîme le plus profond.

La ville entière s'enthousiasma et Lola se glissa à travers de la foule pour déposer un énorme baiser sur les lèvres du héros. Angie vit également cette scène.

Plus tard, lorsque Oscar, victorieux, entra en dansant, Angie était en rage.

« Cette Lola ne s'intéresse à toi que parce que tu es riche et célèbre ! »

« Au moins elle me traite comme quelqu'un d'important ! » dit Oscar. « Personne ne m'aimait quand je n'étais personne ! »

« Si, moi ! » balbutia Angie.

Oscar et Angie se regardèrent avec étonnement.

À ce moment précis, Lenny surgit. Il avait recouvert son corps de peinture bleue et accroché un anneau à son museau. « Voilà ! Sébastien le dauphin ! Vous aimez mon déguisement ? »

Oscar et Angie continuèrent à se dévisager. Finalement, Angie détourna son regard.

« Oh, retourne à ta vie mondaine, Oscar », dit-elle. « Comme ça, je peux continuer à vivre ma vie. »

Oscar rentra chez lui. Il ne se sentait plus vraiment un héros.

Le lendemain matin, Oscar se précipita vers le Lav'o'baleines, les bras chargés de ballons et de chocolats. « Où est Angie ? » demanda-t-il à Lenny. « Je veux lui présenter mes excuses ! »

« Personne ne le sait », dit Lenny. « Tout le monde la cherche. »

Le téléphone sonna dans la cabine d'Angie et Oscar décrocha.

« Nous retenons votre petite amie », grogna une voix. « Si vous voulez la retrouver vivante, vous avez intérêt à vous présenter à la grande réunion qui se tiendra dans une heure. »

Oscar était accablé par la culpabilité.

« Allons », dit-il à Sykes « nous allons sauver Angie ! Je ne suis pas un vrai Tueur de requins. Lenny n'est pas un vrai dauphin, mais les requins ne le savent pas. »

Des douzaines de requins étaient assis autour de la table et regardaient Oscar faire son entrée en compagnie de Sykes et de Lenny.

« Je vais *essayer* de rester calme et ne pas vous faire de mal », bluffa Oscar.

Lino entra dans la pièce et lança un regard furieux en direction d'Oscar. « C'est donc toi le Tueur de requins. Si tu pensais pouvoir tuer mes fils et t'en tirer, tu t'es trompé. » Il souleva la cloche du plat en argent qui se trouvait sur la table. Dedans se trouvait Angie. *Aide-moi, je t'en prie !* suppliaient ses yeux.

« Je connais à peine cette fille », mentit Oscar. Puis il donna le signal à Lenny. Lenny s'avança brusquement et avala Angie toute crue !

Les requins en avaient le souffle coupé. Oscar gérait la situation, et il ne pouvait s'empêcher de jubiler. Malheureusement, il ne vit pas que Lenny se sentait de plus en plus mal. Finalement, le requin végétarien ne le supporta plus, il eut un haut-le-cœur et recracha Angie.

Oscar, Angie, Lenny et Sykes sortirent du paquebot aussi rapidement que possible, avec un Lino furieux à leurs trousses.

Oscar eut une idée. Il s'assura que Lino le poursuivait, puis entra dans le Lav'o'baleines. Toutes les machines y tournaient à plein régime : le savon giclait, les bulles se formaient, la vapeur crachait. Oscar mena Lino à travers des tuyaux de succion, le long des algues, puis vers les racleurs de bernacles. Le grand requin blanc battait de la queue et Oscar put le coincer à l'endroit où il voulait. Oscar appuya sur le levier de secours, mais au moment même où les crampons descendaient, Lenny nagea dans cette direction et se fit prendre à la place de Lino.

Il restait une chose à tenter. Lorsque Lino se précipita sur Oscar par la voie de grattage, Oscar fit s'abattre toutes les brosses… et il réussit ! Le grand requin blanc était enfin piégé, faisant face à son fils.

Épuisé, Oscar flottait entre eux.

Les journalistes arrivèrent, et les acclamations retentirent dans tout le Lav'o'baleines. « Oscar a réussi une fois de plus ! »

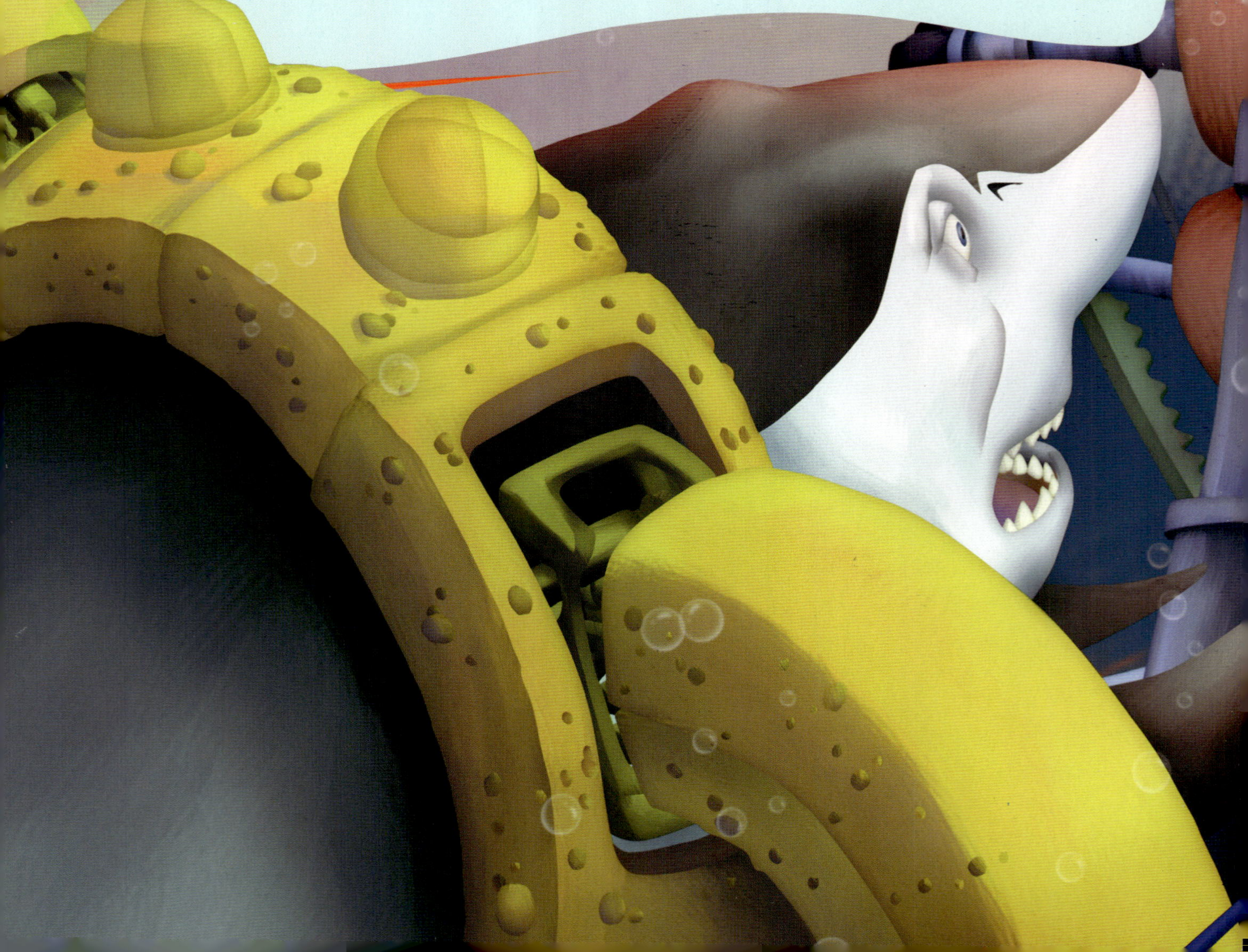

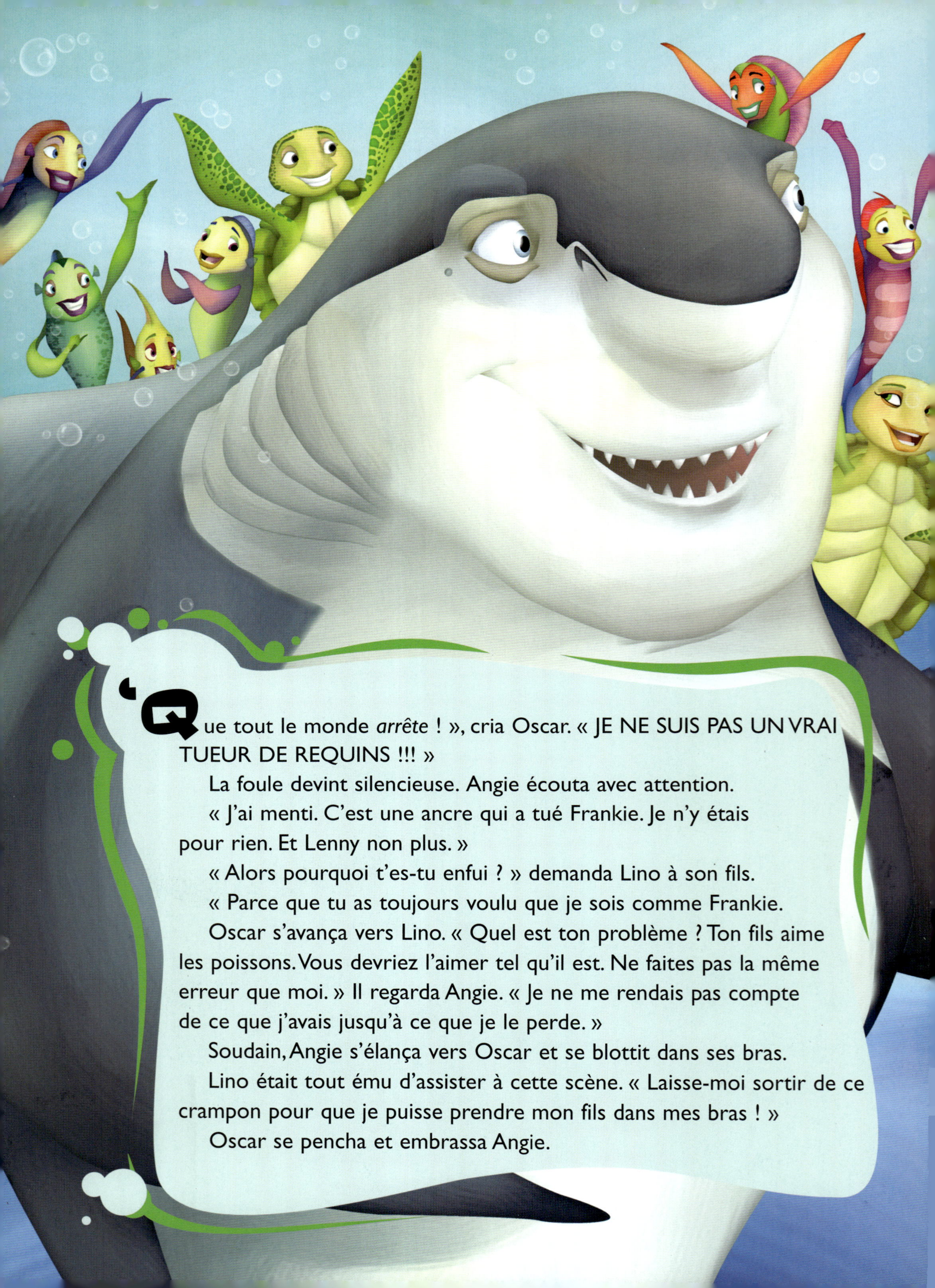

« Que tout le monde *arrête* ! », cria Oscar. « JE NE SUIS PAS UN VRAI TUEUR DE REQUINS !!! »

La foule devint silencieuse. Angie écouta avec attention.

« J'ai menti. C'est une ancre qui a tué Frankie. Je n'y étais pour rien. Et Lenny non plus. »

« Alors pourquoi t'es-tu enfui ? » demanda Lino à son fils.

« Parce que tu as toujours voulu que je sois comme Frankie.

Oscar s'avança vers Lino. « Quel est ton problème ? Ton fils aime les poissons. Vous devriez l'aimer tel qu'il est. Ne faites pas la même erreur que moi. » Il regarda Angie. « Je ne me rendais pas compte de ce que j'avais jusqu'à ce que je le perde. »

Soudain, Angie s'élança vers Oscar et se blottit dans ses bras.

Lino était tout ému d'assister à cette scène. « Laisse-moi sortir de ce crampon pour que je puisse prendre mon fils dans mes bras ! »

Oscar se pencha et embrassa Angie.

Une nouvelle journée commençait au Lav'o'baleines. Oscar en était le directeur et il avait le projet de faire la fête ! Les requins, les poissons, les tortues… tout le monde voulait être au Lav'o'baleines. Tous travaillaient, dansaient, et s'amusaient beaucoup!

Titre Original: Shark Tale - Movie Story Book

Édition française: Le Ballon sa / De Ballon NV, Malle, Belgique

ISBN: 90 374 5699 5
D-MMIV-4696-278
Imprimé en Belgique